カタカ　　　　る！
接客　　　国語

JN051893

語研編集部 [編]

語研

　年間訪日外客数が 1,000 万人の大台を超えた 2013 年以降，我が国のインバウンドは拡大の一途をたどってきました。インバウンド需要の高まりとともに，「日本語が理解できない外国人観光客をどのようにもてなすか」に注目が集まった結果，多言語対応の重要性が唱えられるようになりました。旅先で言葉が通じるかどうか，トラブルの際に対処できるかどうか，といった外国人観光客の不安を取り払い，「また日本に来たい」と思ってもらえるようなおもてなしを提供するためにも，言語の壁はできる限り低くしなければなりません。このような状況のなか、さまざまな店舗やサービスで各種言語への対応が進められてきました。

　2003 年に韓国ドラマ『冬のソナタ』から始まった「韓流ブーム」は2020 年には「第 4 次韓流ブーム」が新語・流行大賞にノミネートされるなど，若者を中心にますます盛り上がりをみせています。韓流ドラマや K-POP にハマって韓国に興味を持ち，韓国語を聞いていて日本語と似ているなと感じた人も多いのではないでしょうか。韓国語には歴史的な経緯から日本語由来の言葉が多く存在し，語順も基本的には同じことから，日本人にとってはとても学びやすい言語といえます。

　本書では，接客業に従事される方がよく使う表現について，簡単で自然なフレーズを紹介しています。また，韓国語初心者向けに，ネイティブの発音に近づけたカタカナルビを付けました。さらに，各フレーズに対応している QR コードを読み込めば，すぐに音声を聞くことができます。韓国語で話すことが難しい場合は QR コードを読み込んで，音声を直接聞いてもらう，といった使い方も可能です。

　食事や治安，清潔さといった面で高い評価を受けている日本は，新型コロナウイルス終息後に旅行したい国・地域としても，人気が高いとされています。外国人観光客が再び日本を訪れることができるようになった際，本書が接客業に携わる方々のお役に立つことを願っております。

本書の使い方

　本書では，対応する QR コードからフレーズごとに音声を再生することができます。また，韓国語がまったくの初心者の方でもすぐに発話できるよう，なるべくネイティブに近い音でカタカナを付けました。

自分で覚える　音声を繰り返し聞いて必要なフレーズを覚える。

相手に聞かせる 　伝えたいフレーズの QR コードを読み込んで，
　　　　　　　　　音声を直接聞いてもらう。

相手に見せる 　伝えたいフレーズを指差して，相手に読んでもらう。

　自分に合った方法でうまく活用してみてください。

ルビについて

　短く発音するカタカナは文字を小さくしてあります。

少々お待ちください。 　잠시만 기다려 주십시오.
チャムシマン　キダリョ　ジュシァシオ

　また，疑問文など語尾が上がるところは「 ⤴ 」で示しています。

何かお困りですか。 　도움이 필요하십니까?
トウミ　ピリョハシムニッカ⤴

敬語について

　韓国語は日本語同様，敬語が存在します。接客の際には必ず相手に「様」を付けて呼ぶようにしましょう。

- ● ［名前］＋様　→　［名前］＋님 ニム

　韓国では名前を言う際，名字だけで言うのは失礼にあたります。必ずフルネームで呼ぶようにしましょう。

- ● 고객님 ゴゲンニム

　格式張った「お客様」の言い方です。主にデパートや，銀行，病院，企業の取引先などに対して使われます。

- **손님** ソンニ厶

  基本的な「お客様」の言い方です。コンビニ，スーパー，ホテルや旅館など，幅広い場面で使われます。

発音のポイント

```
平叙文 ─→ 語尾は平坦に
疑問文 ─→ 語尾を上げる
```

イントネーションを意識して発音してみてください。

　　ハングル（韓国語の文字を指す）を知らずに韓国語の音をカタカナのみで完璧に表現するのは困難です。たとえば同じ「**ウ**」と表記した音でも，「**으**」と「**우**」では，前者は口を横に引いて発音するのに対し，後者は口を前に尖らせて発音します。発音をきちんとマスターしたい場合には，まずハングルのしくみを覚え，それぞれの音に対する口の形を意識しながら，実際の音声をまねて繰り返し発話練習することをおすすめいたします。

◯ について

言い換え表現がある場合は ◯ で示しています。

乾燥肌用［敏感肌用］はこちらです。

건성◯[민감성] 피부용은 이쪽입니다.
コンソン◯[ミンガ厶ソン]　ピブヨンウン　イッチョギ厶ニダ

音声について

　　音声は韓国語のみを収録しています。聞きたいフレーズに対応する日本語横の QR コードを読み込んでください。

　　また，一括でダウンロードしたい場合は，下記の URL または QR コードを読み込むと本書の紹介ページが表示されますので，「無料音声ダウンロード」の文字をクリックして保存してください。

https://www.goken-net.co.jp/catalog/card.html?isbn=978-4-87615-369-5

001
いらっしゃいませ。

002
おはようございます。/
こんにちは。/ こんばんは。

003
よいご旅行を。

004
はい，そうです。

005
いいえ，違います。

어서 오세요.

オソ　オセヨ

안녕하세요?

アンニョンアセヨ⤴

좋은 여행 되세요.

チョウン　ニョエン　テセヨ

네, 맞아요.

ネ　マジャヨ

아니에요.

アニエヨ

006 ありがとうございます。

007 どういたしまして。

008 申し訳ございません。

009 心よりお詫び申し上げます。

010 何かお困りですか。

감사합니다.

カムサハムニダ

아니요, 괜찮습니다.

アニヨ　ケンチャンスムニダ

죄송합니다.

チェソンハムニダ

진심으로 죄송합니다.

チンシムロ　チェソンハムニダ

도움이 필요하십니까?

トウミ　ピリョハシムニッカ↗

011 少々お待ちください。

012 お待たせいたしました。

013 かしこまりました。

014 こちらでよろしいでしょうか。

015 どうぞお持ちください。《差し出して》

잠시만 기다려 주십시오.

チャムシマン　キダリョ　ジュシプシオ

많이 기다리셨습니다.

マニ　キダリショッスムニダ

알겠습니다.

アルゲッスムニダ

이걸로 하시겠습니까?

イゴルロ　ハシゲッスムニッカ ⤴

가져가세요.

カジョガセヨ

7

016
ございます。（あります。）

017
ございません。（ありません。）

018
こちらでございます。《近くを指す》

019
あちらでございます。《遠くを指す》

020
それはできかねます。

있습니다.

イッスムニダ

없습니다.

オプスムニダ

이쪽입니다.

イッチョギムニダ

저쪽입니다.

チョッチョギムニダ

그건 안 됩니다.

クゴン　アン　デムニダ

021

 またお越しくださいませ。

022

 またのご利用をお待ちしております。

023

 どうぞお気を付けて。《見送りの言葉》

024

 韓国語がわかりません。

025

 韓国語ができる者に代わります。

또 오십시오.

ト　オシプシオ

또 이용해 주시기 바랍니다.

ト　イヨンゲ　チュシギ　パラムニダ

조심해서 가십시오.

チョシメソ　カシプシオ

한국어를 모릅니다.

ハングゴルル　モルムニダ

한국어 하는 사람을 바꿔
드리겠습니다.

ハングゴ　ハヌン　サラムル　パッコ
トゥリゲッスムニダ

026

韓国語を少しできます。

027

指差していただけますか。

028

ゆっくり話していただけますか。

029

もう一度おっしゃってください。

030

書いていただけますか。

한국어를 조금 할 줄 압니다.

ハングゴルル　チョグム　ハル　チュル　アムニダ

손가락으로 가리켜 주시겠습니까?

ソンカラグロ　カリキョ　ジュシゲッスムニッカ↗

천천히 말씀해 주시겠습니까?

チョンチョニ　マルスメ　ジュシゲッスムニッカ↗

다시 한 번 말씀해 주십시오.

タシ　ハン　ボン　マルスメ　ジュシプシオ

써 주시겠습니까?

ソ　ジュシゲッスムニッカ↗

031
お支払い金額はこちらです。

《数字を指差しながら》

032
おつりです。

033
金額が不足しております。

034
税込み価格です。

035
税金は含まれておりません。

지불하실 금액입니다.

チブルハシル　クメギムニダ

거스름돈입니다.

コスルムトニムニダ

금액이 부족합니다.

クメギ　プジョッカムニダ

세금이 포함된 가격입니다.

セグミ　ポハムデン　カギョギムニダ

세금은 포함돼 있지 않습니다.

セグムン　ポハムデ　イッチ　アンスムニダ

036

恐れ入りますが小銭はございますか。

037

領収書でございます。

038

宛名はどうなさいますか。《領収書など》

039

カードでの決済はできません。

040

カードにて決済いたします。

죄송한데 잔돈 없으십니까?

チェソンハンデ　チャンドン　オ_プスシムニッカ↗

영수증입니다.

ヨンスジュンイムニダ

받으시는 분은 어떻게 하시겠습니까?

パドゥシヌン　ブヌン　オットッケ　ハシゲッスムニッカ↗

카드 결제는 안 됩니다.

カドゥ　キョルチェヌン　アン　デムニダ

카드로 결제하겠습니다.

カドゥロ　キョルチェハゲッスムニダ

041

一括払いでよろしいですか。

042

暗証番号を入力してください。

043

こちらにご署名願います。
《クレジットカードでのお支払い》

044

カードの有効期限が切れております。

045
カード会社にお問い合わせください。

일시불로 하시겠습니까?

イルシブルロ　ハシゲッスムニッカ↗

비밀번호를 입력해 주십시오.

ピミルボノルル　イムニョッケ　チュシプシオ

여기에 서명해 주십시오.

ヨギエ　ソミョンゲ　チュシプシオ

카드의 유효 기간이 지났습니다.

カドゥエ　ユヒョ　ギガニ　チナッスムニダ

카드 회사에 문의해 주십시오.

カドゥ　フェサエ　ムニエ　チュシプシオ

046
こちらのカードはご使用になれません。

047
こちらにタッチしてください。
《電子マネーでのお支払い》

048
もう一度タッチしてください。

049
残高が不足しております。

050
残りは現金でのお支払いですか。

이 카드는 사용하실 수 없습니다.

イ　カドゥヌン　サヨンハシル　ス　オプスムニダ

여기에 대 주십시오.

ヨギエ　テ　ジュシプシオ

다시 한 번 대 주십시오.

タシ　ハン　ボン　テ　ジュシプシオ

잔액이 부족합니다.

チャネギ　プジョッカムニダ

나머지는 현금으로 내시겠습니까?

ナモジヌン　ヒョングムロ　ネシゲッスムニッカ↗

051

ポイントカードはお作りしますか。

052

100円ごとに1ポイントずつ貯まります。

053

無料でお作りできます。《ポイントカードなど》

054

有効期限はこちらに記載してあります。

055

ポイントをお使いになりますか。

포인트 카드를 만드시겠습니까?

ポイントゥ　カドゥルル　マンドゥシゲッスムニッカ↗

100엔당 1포인트씩 쌓입니다.

ペゲンダン　イルポイントゥシッ　サイムニダ

무료로 만드실 수 있습니다.

ムリョロ　マンドゥシル　ス　イッスムニダ

유효 기간은 여기에 적혀 있습니다.

ユヒョ　ギガヌン　ヨギエ　チョッキョ　イッスムニダ

포인트를 사용하시겠습니까?

ポイントゥルル　サヨンハシゲッスムニッカ↗

056
免税なさいますか。

 057
パスポートをお持ちですか。

 058
パスポートを拝見してもよろしいですか。

 059
こちらは対象外です。

 060
免税するのに金額が足りません。

면세 구입이십니까?

ミョンセ　クイビシムニッカ♪

여권을 가지고 계십니까?

ヨッコヌル　カジゴ　ゲシムニッカ♪

여권을 보여 주시겠습니까?

ヨッコヌル　ポヨ　ジュシゲッスムニッカ♪

이쪽은 대상에서 제외됩니다.

イッチョグン　テサンゲソ　チェウェデムニダ

면세를 받으시려면 금액이 좀
모자랍니다.

ミョンセルル　パドゥシリョミョン　クメギ　チョム
モジャラムニダ

061
こちらでは両替できません。

062
いくら両替なさいますか。

063
ウォンから円の両替でよろしいですか。

064
すべて 100 円でよろしいですか。

065
ただいま小銭が不足しております。

여기서는 환전이 안 됩니다.

ヨギソヌン　ファンジョニ　アン　デムニダ

얼마를 바꾸시겠습니까?

オルマルル　パックシゲッスムニッカ⤴

원을 엔으로 환전하시겠습니까?

ウォヌル　エヌロ　ファンジョンナシゲッスムニッカ⤴

전부 100엔짜리로 괜찮으시겠습니까?

チョンブ　ペゲンチャリロ　ケンチャヌシゲッスムニッカ⤴

지금 동전이 부족합니다.

チグム　トンジョニ　プジョッカムニダ

066
レシートはお持ちですか。

067
どういった不備がございましたか。

068
こちらの商品は返品ができません。

069
開封済みの商品は交換できません。

070
すぐに交換いたします。

영수증 있으십니까?

ヨンスジュン　イッスシムニッカ⤴

어떤 점이 마음에 안 드십니까?

オットン　ジョミ　マウメ　アン　ドゥシムニッカ⤴

이 상품은 반품이 안 됩니다.

イ　サンプムン　パンプミ　アン　デムニダ

이미 개봉하신 상품은 교환이 안 됩니다.

イミ　ケボンアシン　サンプムン　キョウァニ　アン
デムニダ

바로 교환해 드리겠습니다.

パロ　キョウァネ　トゥリゲッスムニダ

071 サービスカウンターでレシートを
ご提示ください。

072 プレゼントのラッピングは**無料**です。

073 リボンはどちらになさいますか。

074 包装紙はどちらになさいますか。

075 包装箱は有料です。

서비스 카운터에서 영수증을
보여 드리십시오.

ソビス　カウントエソ　ヨンスジュンウル
ポヨ　トゥリシプシオ

선물 포장은 무료입니다.

ソンムル　ポジャングン　ムリョイムニダ

리본은 어느 것으로 하시겠습니까?

リボヌン　オヌ　ゴスロ　ハシゲッスムニッカ♪

포장지는 어느 것으로 하시겠습니까?

ポジャンジヌン　オヌ　ゴスロ　ハシゲッスムニッカ♪

포장 상자는 유료입니다.

ポジャン　サンジャヌン　ユリョイムニダ

076 10分ほどかかります。

 077 出来上がりましたらお持ちします。

 078 店内をご覧になってお待ちください。

 079 23番（でお待ち）のお客様！

080 小分けの袋をお入れしておきます。

10분 정도 걸립니다.

シップン　チョンド　コルリムニダ

다 되면 갖다 드리겠습니다.

タ　テミョン　カッタ　トゥリゲッスムニダ

가게 안을 둘러 보시면서 기다려 주십시오.

カゲ　アヌル　トゥルロ　ポシミョンソ　キダリョ ジュシプシオ

23번 손님!

イシプサムボン　ソンニム

여분의 봉투를 넣어 드리겠습니다.

ヨブネ　ポントゥルル　ノオ　トゥリゲッスムニダ

081 どうぞご試食ください。

082 賞味期限はこちらに記載されています。

083 こちらは日持ちしません。

084 お早めにお召し上がりください。

085 一番人気のおみやげです。

한 번 드셔 보십시오.

ハン　ボン　トゥショ　ボシプシオ

유통 기한은 여기에 적혀 있습니다.

ユットン　ギハヌン　ヨギエ　チョッキョ　イッスムニダ

이건 오래 두시면 안 됩니다.

イゴン　オレ　トゥシミョン　アン　デムニダ

가급적 빨리 드시기 바랍니다.

カグプチョッ　パルリ　トゥシギ　パラムニダ

가장 인기 있는 선물입니다.

カジャン　インキ　インヌン　ソンムリムニダ

086
温めますか。

087
温め終わるまで少々お待ちください。

088
箸はご入り用ですか。

089
スプーンはご入り用ですか。

090
いくつお付けしますか。

데워 드릴까요?

テウォ　トゥリルッカヨ↗

데워질 때까지 잠깐 기다려 주십시오.

テウォジル　テッカジ　チャムッカン　キダリョ　ジュシプシオ

젓가락 드릴까요?

チョッカラッ　トゥリルッカヨ↗

숟가락 드릴까요?

スッカラッ　トゥリルッカヨ↗

몇 개 넣을까요?

ミョッ　ケ　ノウルッカヨ↗

091 カゴをお使いください。

092 カートはあちらにございます。

093 お1人様1個までとなっております。

094 2つご購入でさらにお安くなります。

095 お探しいたしますので少々お待ち
ください。

바구니를 사용해 주십시오.

パグニルル　サヨンゲ　ジュシプシオ

카트는 저쪽에 있습니다.

カットゥヌン　チョッチョゲ　イッスムニダ

한 사람당 하나만 드립니다.

ハン　サラムダン　ハナマン　トゥリムニダ

2개 구입하시면 더 싸게 드립니다.

トゥゲ　クイパシミョン　ト　サゲ　トゥリムニダ

찾아볼 테니까 잠시만 기다려
주십시오.

チャジャボルッ　テニッカ　チャムシマン　キダリョ
ジュシプシオ

096

袋にお入れしますか。

097

袋は有料になります。

098

１枚３円です。《レジ袋など》

099

ご購入の印としてテープを貼らせて
いただきます。

100

駐車券はお持ちですか。

봉투에 넣어 드릴까요?

ポントゥエ　ノオ　トゥリルッカヨ↗

봉투는 유료입니다.

ポントゥヌン　ユリョイムニダ

1장 3엔입니다.

ハンジャン　サメニムニダ

구입 표시로 테이프를 붙이겠습니다.

クイプ　ピョシロ　テイプルル　プチゲッスムニダ

주차권 가지고 계십니까?

チュチャクォン　カジゴ　ケシムニッカ↗

101 アレルギーはありますか。

102 大人は1回2錠服用してください。

103 食後にお飲みください。

517 ◯ 食前にお飲みください。

104 この薬を飲むと眠くなります。

105 こちらは粉薬でございます。

알레르기가 있으십니까?

アルレルギガ　イッスシムニッカ↗

어른은 한번에 2알 복용하십시오.

オルヌン　ハンボネ　トゥアル　ポギョンハシプシオ

식후에○[식전에] 드십시오.

シクエ○[シッチョネ]　トゥシプシオ

이 약을 드시면 졸릴 수 있습니다.

イ ヤグル トゥシミョン チョルリルッ ス イッスムニダ

이건 가루약입니다.

イゴン　カルヤギムニダ

106

何かお探しですか。

107

メーカーはどちらをご希望ですか。

108

ご予算はどれくらいをお考えですか。

109

担当者を呼んでまいります。

110

在庫を確認してまいります。

뭐 찾으시는 거 있으십니까?

ムォ　チャズシヌン　ゴ　イッスシムニッカ⤴

특별히 찾으시는 브랜드라도
있으십니까?

トゥッピョリ　チャズシヌン　ブレンドゥラド
イッスシムニッカ⤴

예산은 어느 정도를 생각하십니까?

イェサヌン　オヌ　ジョンドルル　センガッカシムニッカ⤴

담당자를 불러 드리겠습니다.

タムダンジャルル　プルロ　トゥリゲッスムニダ

재고를 확인해 보겠습니다.

チェゴルル　ファギネ　ポゲッスムニダ

111
 日本製です。

112
 こちらをおすすめします。

113
 新製品はこちらです。

114
ご使用には変圧器が必要です。

115
電池は別途ご購入が必要です。

일본산입니다.

イルボンサニムニダ

이쪽을 추천해 드리고 싶습니다.

イッチョグル　チュチョネ　トゥリゴ　シプスムニダ

신상품은 이쪽입니다.

シンサンプムン　イッチョギムニダ

사용하실 때 변압기가 필요합니다.

サヨンハシルッ　テ　ピョナプキガ　ピリョハムニダ

건전지는 따로 사셔야 합니다.

コンジョンジヌン　タロ　サショヤ　ハムニダ

116 こちらは展示品のみとなります。

117 こちらはセール対象外です。

118 持ち手をお付けします。

119 お車までお持ちします。

120 国内配送のみになります。

이 상품은 전시품밖에 없습니다.

イ　サンプムン　チョンシップムバッケ　オプスムニダ

이쪽은 세일 제외 상품입니다.

イッチョグン　セイル　チェウェ　サンプムイムニダ

손잡이를 달아 드리겠습니다.

ソンジャビルル　タラ　トゥリゲッスムニダ

차까지 가져다 드리겠습니다.

チャッカジ　カジョダ　トゥリゲッスムニダ

국내 배송만 가능합니다.

クンネ　ペソンマン　カヌンハムニダ

121 １年保証が無料で付きます。

122 オプションで保証期間が延長できます。

123 保証書は大事に保管しておいてください。

124 もっと値引きいたしますよ。

125 これ以上は値引きできません。

1년 무상 보증입니다.

イルリョン　ムサン　ポジュンイムニダ

옵션으로 보증 기간을 연장하실
수 있습니다.

オプショヌロ　ポジュン　キガヌル　ヨンジャンハシルッ
ス　イッスムニダ

보증서는 잘 보관해 주십시오.

ポジュンソヌン　チャル　ポガネ　ジュシプシオ

더 할인해 드리겠습니다.

ト　ハリネ　トゥリゲッスムニダ

더 이상 할인은 안 됩니다.

ト　イサン　ハリヌン　アン　デムニダ

126 値引き後の価格になります。

127 在庫切れでございます。

128 お取り寄せいたしますか。

129 １週間ほどかかりますがよろしいですか。

130 来月入荷予定です。

026

이게 할인 가격입니다.

イゲ　ハリン　カギョギムニダ

품절입니다.

プムジョリムニダ

따로 주문하시겠습니까?

タロ　チュムナシゲッスムニッカ⤴

일주일 정도 걸릴 것 같은데
괜찮으시겠습니까?

イルチュイル　ジョンド　コルリルッ　コッ　カットゥンデ
ケンチャヌシゲッスムニッカ⤴

다음 달에 입고 예정입니다.

タウム　タレ　イプコ　イェジョンイムニダ

131 本にカバーはお付けしますか。

132 カバーの種類をお選びください。

133  こちらの端末で書籍を検索できます。

134 新刊売り場はこちらです。

135 まだ発売しておりません。

책에 커버를 씌울까요?

チェゲ　コボルル　シウルッカヨ↗

커버 종류를 선택해 주십시오.

コボ　チョンニュルル　ソンテケ　ジュシプシオ

이 단말기로 책을 검색할 수 있습니다.

イ タンマルギロ　チェグル　コムセカルッ ス イッスムニダ

신간 서적 코너는 이쪽입니다.

シンガン　ソジョッ　コノヌン　イッチョギムニダ

아직 출시되지 않았습니다.

アジッ　チュルシデジ　アナッスムニダ

136 どちらのブランドをお探しですか。

137 当店では取り扱っておりません。

138 流行のコスメです。

139 お試しになりますか。

140 乾燥肌用はこちらです。

518 ◯ 敏感肌用はこちらです。

028

찾으시는 브랜드 있으십니까?

チャズシヌン　プレンドゥ　イッスシムニッカ↗

저희 가게에서는 취급하지 않고 있습니다.

チョイ　カゲエソヌン　チュィグパジ　アンコ
イッスムニダ

요즘 인기 있는 화장품입니다.

ヨジュム　インキ　インヌン　ファジャンプミムニダ

한번 발라 보시겠습니까?

ハンボン　パルラ　ポシゲッスムニッカ↗

건성○[민감성] 피부용은 이쪽입니다.

コンソン○[ミンガムソン]　ピブヨンウン　イッチョギムニダ

141 指輪のサイズは何号ですか。

142 指輪のサイズをお測りしましょうか。

143 こちらとペアになっております。

144 チェーンの長さは調整可能です。

145 よくお似合いですね。

반지 사이즈가 몇 호십니까?

パンジ　サイズガ　ミョットシムニッカ↗

반지 사이즈를 재 드릴까요?

パンジ　サイズルル　チェ　ドゥリルッカヨ↗

이거하고 세트입니다.

イゴハゴ　セットゥイムニダ

체인 길이는 조절 가능합니다.

チェイン　キリヌン　チョジョル　カヌンハムニダ

잘 어울리시네요.

チャル　オウルリシネヨ

146 色違いをお持ちしましょうか。

147 S, M, L, LL サイズがございます。

148 こちらはフリーサイズです。

149 S サイズはただいま売り切れです。

150 ご試着なさいますか。

030

다른 색도 보여 드릴까요?

タルン　セクト　ポヨ　ドゥリルッカヨ⤴

S, M, L, LL 사이즈가 있습니다.

エス　エム　エル　エルエル　サイズガ　イッスムニダ

이쪽은 프리 사이즈입니다.

イッチョグン　プリ　サイズイムニダ

S 사이즈는 지금 품절입니다.

エスサイズヌン　チグム　プムジョリムニダ

입어 보시겠습니까?

イボ　ボシゲッスムニッカ⤴

151
こちらはご試着になれません。

 152
フェイスカバーをお使いください。

 153
ご使用方法はわかりますか。

 154
ワンサイズ上のものをお持ちします。

519
ワンサイズ下のものをお持ちします。

 155
鏡はこちらです。

이건 입어 보실 수 없습니다.

イゴン　イボ　ボシ_{ルッ}　ス　オ_プスムニダ

페이스 커버를 사용해 주십시오.

ペイス　コボル_ル　サヨンゲ　ジュシ_プシオ

사용 방법은 아십니까?

サヨン　パンボブン　アシムニッカ↗

한 사이즈 큰[○][작은] 것을 가져
오겠습니다.

ハン　サイズ　クン[○][チャグン]　ゴス_ル　カジョ
オゲッスムニダ

거울은 이쪽입니다.

コウルン　イッチョギムニダ

156 こちらでお召し上がりですか。

157 テイクアウトですか。

158 お飲み物は何になさいますか。

159 ホットとアイスどちらになさいますか。

160 サイズはいかがなさいますか。

032

여기서 드시고 가실 겁니까?

ヨギソ　トゥシゴ　カシルッ　コムニッカ↗

테이크 아웃이십니까?

テイク　アウシシムニッカ↗

음료수는 뭘로 하시겠습니까?

ウムニョスヌン　ムォルロ　ハシゲッスムニッカ↗

따뜻한 것과 찬 것 어느 것으로
하시겠습니까?

タットゥタン　ゴックァ　チャン　ゴッ　オヌ　ゴスロ
ハシゲッスムニッカ↗

어떤 사이즈로 하시겠습니까?

オットン　サイズロ　ハシゲッスムニッカ↗

161 レモンかミルクはお付けしますか。

162 砂糖はおいくつお付けしますか。

163 サイドメニューは何にいたしますか。

164 セットメニューがお得です。

165 こちらのクーポンはお使いいただけ
ません。

레몬이나 크림이 필요하십니까?

レモニナ　クリミ　ピリョハシムニッカ↗

설탕은 몇 개나 필요하십니까?

ソルタンウン　ミョッ　ケナ　ピリョハシムニッカ↗

사이드 메뉴는 뭘로 하시겠습니까?

サイドゥ　メニュヌン　ムォルロ　ハシゲッスムニッカ↗

세트 메뉴가 더 저렴합니다.

セットゥ　メニュガ　ト　チョリョムハムニダ

이 쿠폰은 사용하실 수 없습니다.

イ　クッポヌン　サヨンハシルッ　ス　オプスムニダ

166
ご注文のお品はお席までお運びいたします。

167
こちらの番号札を持ってお待ちください。

168
先にお席の確保をお願いします。

169
こちらで片付けますので置いておいてください。

170
恐れ入りますが一列に並んでお待ちください。

음식은 자리로 갖다 드리겠습니다.

ウムシグン　チャリロ　カッタ　トゥリゲッスムニダ

이 번호표를 가지고 기다리십시오.

イ　ポノピョルル　カジゴ　キダリシプシオ

먼저 앉을 자리를 확인해 주십시오.

モンジョ　アンジュル　チャリルル　ファギネ　ジュシプシオ

저희가 치울 테니 그냥 놔 두십시오.

チョイガ　チウルッ　テニ　クニャン　ナ　ドゥシプシオ

죄송하지만 한 줄로 서서 기다려
주십시오.

チェソンハジマン　ハン　ジュルロ　ソソ　キダリョ
ジュシプシオ

171 コーンとカップどちらになさいますか。

172 アイスをお選びください。

173 キャンドルはお付けしますか。

174 このプレートにお名前を入れることが
できます。

175 食物アレルギー対応のメニューがござ
います。

콘과 컵 중에 어느 것으로
하시겠습니까?

コングァ　コプ　チュンゲ　オヌ　ゴスロ
ハシゲッスムニッカ⤴

아이스크림을 고르십시오.

アイスクリムル　コルシプシオ

초를 넣어 드릴까요?

チョルル　ノオ　ドゥリルッカヨ⤴

이 플레이트에 이름을 넣으실 수
있습니다.

イ　プレイトゥエ　イルムル　ノウシルッ　ス
イッスムニダ

음식 알레르기 대응 메뉴가 있습니다.

ウムシ　アルレルギ　テウン　メニュガ　イッスムニダ

71

176 お持ち帰りのお時間はどれくらいですか。

 177 ドライアイスが入っておりますので
お気を付けください。

 178 ケーキのご確認をお願いします。

 179 出来上がりましたらお呼びします。

180 ここだけの限定品です。

도착하는데 시간이 어느 정도
걸립니까?

トチャカヌンデ　シガニ　オヌ　ジョンド
コルリムニッカ♪

드라이아이스가 들어있으니
조심하십시오.

トゥライアイスガ　トゥロイッスニ
チョシマシプシオ

주문하신 케이크가 맞는지 확인해
주십시오.

チュムナシン　ケイクガ　マンヌンジ　ファギネ
ジュシプシオ

완성되면 부르겠습니다.

ワンソンデミョン　プルゲッスムニダ

여기에만 있는 한정품입니다.

ヨギエマン　インヌン　ハンジョンプムイムニダ

181
何名様でしょうか。

 182
混雑のため 30 分ほどお待ちいただき
ますがよろしいですか。

 183
本日はご予約のお客様のみとなって
おります。

 184
おタバコは吸われますか。

185
当店は全席禁煙でございます。

037

몇 분이십니까?

ミョッ　プニシムニッカ↗

사람이 많아서 30분쯤 기다리셔야
하는데 괜찮으시겠습니까?

サラミ　マナソ　サムシップンチュム　キダリショヤ
ハヌンデ　ケンチャヌシゲッスムニッカ↗

오늘은 예약 손님만 받고 있습니다.

オヌルン　イェヤッ　ソンニムマン　パッコ　イッスムニダ

담배를 피우십니까?

タムベルル　ピウシムニッカ↗

저희 가게는 금연입니다.

チョイ　カゲヌン　クミョニムニダ

186 お席にご案内いたします。

187 お呼びの際はこちらのボタンを押して
ください。

188 ご注文はお決まりでしょうか。

189 パンとライスはどちらになさいますか。

190 ドリンクバーはご利用になりますか。

자리를 안내해 드리겠습니다.

チャリル_ル　アンネヘ　トゥリゲッスムニダ

부르실 때는 이 버튼을 누르십시오.

プルシ_ルッ　テヌン　イ　ポトゥヌル　ヌルシプシオ

주문하시겠습니까?

チュムナシゲッスムニッカ ⤴

빵과 밥 무엇으로 하시겠습니까?

パングァ　パッ　ムォスロ　ハシゲッスムニッカ ⤴

음료바를 이용하시겠습니까?

ウムニョッパルル　イヨンハシゲッスムニッカ ⤴

77

191
ランチメニューは 11 時からです。

192
ランチメニューはサラダとスープ付き
です。

193
こちらは平日限定のメニューでござい
ます。

194
季節限定のメニューです。

195
コースは 2 名様より承ります。

039

런치 메뉴는 11시부터입니다.

ロンチ　メニュヌン　ヨランシブットイムニダ

런치 메뉴는 샐러드와 스프가 같이
나옵니다.

ロンチ　メニュヌン　セルロドゥワ　スプガ　カッチ
ナオムニダ

이건 평일 한정 메뉴입니다.

イゴン　ピョニル　ハンジョン　メニュイムニダ

계절 한정 메뉴입니다.

ケジョル　ハンジョン　メニュイムニダ

코스는 2명부터 가능합니다.

コッスヌン　トゥミョンブト　カヌンハムニダ

196

ほかにご注文はございますか。

197

ご注文を確認いたします。

198

料理が出来上がるまで少々お待ちください。

199
セルフサービスとなっております。

200
スープ, ドリンクはあちらにございます。

더 필요한 거 없으십니까?

ト　ピリョハン　ゴ　オプスシムニッカ↗

주문을 확인하겠습니다.

チュムヌル　ファギナゲッスムニダ

음식이 나올 때까지 잠시 기다려 주십시오.

ウムシギ　ナオル　テッカジ　チャムシ　キダリョ
ジュシプシオ

셀프 서비스입니다.

セルプ　ソビスイムニダ

스프하고 음료는 저쪽에 있습니다.

スプハゴ　ウムニョヌン　チョッチョゲ　イッスムニダ

201 熱いのでお気を付けてお召し上がり
ください。

202 トイレはこちらです。

203 トイレは店の外にございます。

204 お下げしてよろしいですか。

205 コーヒーのおかわりはいかがですか。

뜨거우니 조심해서 드시기 바랍니다.

トゥゴウニ　チョシメソ　トゥシギ　パラムニダ

화장실은 이쪽입니다.

ファジャンシルン　イッチョギムニダ

화장실은 가게 밖에 있습니다.

ファジャンシルン　カゲ　パッケ　イッスムニダ

치워 드릴까요?

チウォ　トゥリルッカヨ↗

커피 한 잔 더 하시겠습니까?

コピ　ハン　ジャン　ト　ハシゲッスムニッカ↗

206
ラストオーダーです。

207
お会計は別々になさいますか。

208
次回ご利用いただけるクーポンです。

209
制限時間は90分です。《食べ放題》

210
お飲み物は別料金です。

라스트 오더입니다.

ラストゥ　オドイムニダ

계산은 따로따로 하십니까?

ケサヌン　タロタロ　ハシムニッカ⤴

다음에 사용하실 수 있는 쿠폰입니다.

タウメ　サヨンハシルッ　ス　インヌン　クッポニムニダ

제한 시간은 90분입니다.

チェハン　シガヌン　クシップニムニダ

음료수는 별도 요금입니다.

ウムニョスヌン　ピョルト　ヨグミムニダ

211 あいにく個室は空いておりません。

212 お座敷と椅子席どちらがよろしいですか。

213 カウンターでもよろしいですか。

214 相席になりますがよろしいですか。

215 生ビールと瓶ビールがございます。

043

지금 룸이 없습니다.

チグム　ルミ　オプスムニダ

좌식 자리하고 테이블하고 어느 쪽이 좋습니까?

チャシッ　チャリハゴ　テイブラゴ　オヌ
チョギ　チョッスムニッカ↗

카운터 자리도 괜찮으시겠습니까?

カウント　チャリド　ケンチャヌシゲッスムニッカ↗

합석도 괜찮으십니까?

ハプソット　ケンチャヌシムニッカ↗

생맥주하고 병맥주가 있습니다.

センメッチュハゴ　ピョンメッチュガ　イッスムニダ

216 日本酒は辛口と甘口がございます。

217 こちらは辛口です。

520 こちらは甘口です。

218 濃厚な味わいです。

219 すっきりした味わいです。

220 熱燗になさいますか。
冷やになさいますか。

일본술은 드라이한 것과 스위트한
것이 있습니다.

イルボンスルン　ドゥライハン　ゴックァ　スウィトゥハン
ゴシ　イッスムニダ

이건 좀 드라이[스위트]합니다.

イゴン　ジョム　ドゥライ[スウィトゥ]ハムニダ

풍부한 맛이 납니다.

プンブハン　マシ　ナムニダ

깔끔한 맛입니다.

カルクマン　マシムニダ

따뜻하게 해 드릴까요?
차게 해 드릴까요?

タトゥッタゲ　ヘ　ドゥリルッカヨ⤴
チャゲ　ヘ　ドゥリルッカヨ⤴

221 ストレートとロックどちらになさい
ますか。

222 お湯割りもできます。

223 こちらは本日のおすすめ料理です。

224 そちらのタッチパネルでもご注文に
なれます。

225 タレにつけてお召し上がりください。

045

스트레이트, 온더락 어떻게
드릴까요?

ストゥレイトゥ　オンドラッ　オットッケ
トゥリルッカヨ⤴

따뜻한 물을 타는 것도 됩니다.

タットゥッタン　ムルル　タヌン　ゴット　テムニダ

이것이 오늘의 추천 요리입니다.

イゴシ　オヌレ　チュッチョン　ヨリイムニダ

여기 있는 터치 패널로도 주문이
가능합니다.

ヨギ　インヌン　トチ　ペノルロド　チュムニ
カヌンハムニダ

소스를 넣어서 드십시오.

ソスルル　ノオソ　トゥシプシオ

226

熱いうちにお召し上がりください。

227

お飲み物の追加はいかがですか。

228

お済みの食器をお下げしましょうか。

229

温かいお茶をお持ちしましょうか。

230

おしぼりをどうぞ。

따뜻할 때 드십시오.

タットゥッタルッ　テ　トゥシプシオ

마실 것 더 필요하십니까?

マシルッ　コット　ピリョハシムニッカ↗

빈 그릇을 치워 드릴까요?

ピン　クルスル　チウォ　トゥリルッカヨ↗

따뜻한 차 좀 드릴까요?

タットゥッタン　チャ　ジョム　トゥリルッカヨ↗

물수건입니다.

ムルスゴニムニダ

231

お寿司の値段はお皿の色によって
違います。

232

わさび抜きもできます。

233

寿司以外のメニューもございます。

234

この粉を湯飲みに入れてお湯を
そそぎます。

235

こちらの伝票をレジまでお持ち
ください。

초밥 가격은 접시 색에 따라 다릅니다.

チョバッ カギョグン チョプシ セゲッ タラ タルムニダ

와사비를 빼는 것도 가능합니다.

ワサビルルッ ペヌン ゴット カヌンハムニダ

초밥 말고 다른 메뉴도 있습니다.

チョバッ マルゴ タルン メニュド イッスムニダ

이 가루를 찻잔에 넣으신 후에
뜨거운 물을 부으십시오.

イ カルルル チャッチャネ ノウシン フエ
トゥゴウン ムルル プウシプシオ

이 전표를 가지고 계산대에서
기다려 주십시오.

イ チョンピョルル カジゴ ケサンテエソ
キダリョ ジュシプシオ

95

236 何泊でいらっしゃいますか。

237 どのような部屋をご希望ですか。

238 本日は満室です。

239 和室と洋室がございます。

240 和室にはベッドはございません。

몇 박이십니까?

ミョッ　パギシムニッカ↗

원하시는 방이 있으십니까?

ウォナシヌン　バンギ　イッスシムニッカ↗

오늘은 만실입니다.

オヌルン　マンシリムニダ

일본식 방과 침대방이 있습니다.

イルボンシッ　パングァ　チムデバンギ　イッスムニダ

일본식 방에는 침대는 없습니다.

イルボンシッ　パンゲヌン　チムデヌン　オプスムニダ

241

部屋には露天風呂が付いています。

242

浴室が付いておりません。

243

シングルは満室です。

244

ツインであれば (空きが) ございます。

245

ご案内までロビーでお待ちください。

방에 노천 온천이 있습니다.

パンゲ　ノッチョン　オンチョニ　イッスムニダ

방에 욕실은 없습니다.

パンゲ　ヨッシルン　オプスムニダ

싱글룸은 만실입니다.

シングルルムン　マンシリムニダ

트윈이라면 있습니다.

トゥウィニラミョン　イッスムニダ

안내해 드릴 테니 로비에서 잠시만
기다려 주십시오.

アンネヘ　トゥリルッ　テニ　ロビエソ　チャムシマン
キダリョ　ジュシプシオ

246 宿泊費は前払いです。

247 宿泊費はチェックアウト時にお支払いください。

248 お部屋のカギはこちらになります。

249 お部屋までご案内いたします。

250 お荷物をお運びいたします。

숙박비는 선불입니다.

スッパッピヌン　ソンブリムニダ

숙박비는 퇴실하실 때 계산하시면
됩니다.

スッパッピヌン　テシラシルッ　テ　ケサナシミョン
テムニダ

방 열쇠는 여기 있습니다.

パン　ヨルセヌン　ヨギ　イッスムニダ

방까지 안내해 드리겠습니다.

パンカジ　アンネヘ　トゥリゲッスムニダ

가방을 들어 드리겠습니다.

カバンウル　トゥロ　トゥリゲッスムニダ

251 非常口は廊下の突き当たりにございます。

252 どうぞお入りください。

253 靴を脱いでお上がりください。

254 日本は初めてですか。

255 部屋の設備のご説明をいたします。

051

비상구는 복도 끝에 있습니다.

ピサングヌン　ポクト　クッテ　イッスムニダ

들어가시지요.

トゥロガシジヨ

신발을 벗고 들어오십시오.

シンバルル　ポッコ　トゥロオシプシオ

일본에는 처음이십니까?

イルボネヌン　チョウミシムニッカ⤴

방 안을 설명해 드리겠습니다.

パン　アヌル　ソルミョンゲ　トゥリゲッスムニダ

256 エアコンはこちらです。

 257 金庫のカギです。

 258 番号をお忘れのないようにお願いします。

 259 冷蔵庫のお飲み物は有料です。

 260 お部屋で Wi-Fi をお使いになれます。

에어컨은 여기 있습니다.

エオコヌン　ヨギ　イッスムニダ

금고 열쇠입니다.

クムゴ　ヨルセイムニダ

비밀번호를 잊지 않도록 주의해
주세요.

ピミルボノルル　イッチ　アントロッ　チュイヘ
ジュセヨ

냉장고의 음료수는 유료입니다.

ネンジャンゴエ　ウムニョスヌン　ユリョイムニダ

방에서도 와이파이 사용이 가능합니다.

パンエソド　ワイパイ　サヨンイ　カヌンハムニダ

261 Wi-Fi は無料です。

262 お布団は係の者が敷きにまいります。

263 大浴場は翌朝に男湯と女湯が入れ替わります。

264 バスタオルと浴衣はこちらにございます。

265 小さなタオルはお持ち帰りになれます。

와이파이는 무료입니다.

ワイパイヌン　ムリョイムニダ

잠자리는 저희 직원이 준비해
드릴 겁니다.

チャムチャリヌン　チョイ　チグォニ　チュンビヘ
トゥリルッ　コムニダ

목욕탕은 아침마다 남탕과 여탕이
바뀝니다.

モギョッタンウン　アチムマダ　ナムタングァ　ヨタンギ
パッキムニダ

목욕 수건과 유카타는 여기 있습니다.

モギョッ　スゴングァ　ユカタヌン　ヨギ　イッスムニダ

작은 수건은 가지고 가도 됩니다.

チャグン　スゴヌン　カジゴ　カド　デムニダ

266 バスタオルはお持ち帰りできません。

267 浴衣のお持ち帰りはご遠慮ください。

268 浴衣のサイズのご確認をお願いします。

269 別のサイズの浴衣をすぐにお持ちします。

270 着方はご存じですか。《浴衣など》

목욕 수건은 가지고 가실 수 없습니다.

モギョッ　スゴヌン　カジゴ　カシル　ス　オプスムニダ

유카타는 가지고 가시면 안 됩니다.

ユカタヌン　カジゴ　カシミョン　アン　デムニダ

유카타의 사이즈를 확인해 주시기 바랍니다.

ユカタエ　サイズルル　ファギネ　チュシギ
パラムニダ

다른 사이즈의 유카타를 바로 준비해 드리겠습니다.

タルン　サイズエ　ユカタルル　パロ
チュンビヘ　トゥリゲッスムニダ

입는 방법을 알고 계십니까?

イムヌン　パンボブル　アルゴ　ゲシムニッカ⤴

271 えりの端をつまんで浴衣を広げます。

272 右身ごろを体にあてます。

273 左身ごろが上になるようにします。

274 帯を巻きます。

275 こちらは浴衣の上に着る羽織です。

유카타를 걸친 후에 앞섬의 끝을
잡고 유카타를 펼치십시오.

ユカタルル　コルチン　ウエ　アプソメ　クットゥル
チャッコ　ユカタルル　ピョルチシプシオ

오른쪽 옷자락을 먼저 왼쪽으로
두르십시오.

オルンチョッ　オッチャラグル　モンジョ　ウェンチョグロ
トゥルシプシオ

왼쪽 옷깃이 위로 오게 합니다.

ウェンチョッ　オッキシ　ウィロ　オゲ　ハムニダ

허리띠를 두르십시오.

ホリッティルル　トゥルシプシオ

이것은 유카타 위에 입는 겉옷입니다.

イゴスン　ユカタ　ウィエ　イムヌン　コトシムニダ

276
ご夕食は何時になさいますか。

277
ご朝食のお時間は何時になさいますか。

278
ご朝食の際にはこちらの食券をお持ち
ください。

 279
ご用の際はなんなりとお申し付けくだ
さい。

 280
こちらの電話でお呼びください。

저녁은 몇 시에 준비할까요?

チョニョグン　ミョッ　シエ　チュンビハルッカヨ ♪

아침 식사는 몇 시에 하시겠습니까?

アッチム　シクサヌン　ミョッ　シエ　ハシゲッスムニッカ ♪

아침을 드시러 오실 때 이 식권을
가지고 오십시오.

アッチムル　トゥシロ　オシルッ　テ　イ　シックォヌル
カジゴ　オシプシオ

필요한 게 있으시면 말씀해 주십시오.

ピリョハン　ゲ　イッスシミョン　マルスメ　ジュシプシオ

이 전화로 연락 주시면 됩니다.

イ　チョナロ　ヨルラッ　チュシミョン　テムニダ

281
フロントの内線番号はこちらです。

282
お茶をお入れします。

283
お茶菓子もお召し上がりください。

284
ごゆっくりおくつろぎください。

285
ご夕食は宴会場にてご用意いたします。

프런트 내선 번호는 이것입니다.

プロントゥ　ネソン　ポノヌン　イゴシムニダ

차를 준비해 드리겠습니다.

チャルル　チュンビヘ　トゥリゲッスムニダ

다과도 준비되어 있습니다.

タグァド　チュンビデオ　イッスムニダ

푹 쉬십시오.

プッ　スィシプシオ

저녁은 연회장에 준비해 놓겠습니다.

チョニョグン　ヨネジャンゲ　チュンビヘ　ノッケッスムニダ

286 ご夕食はお部屋にお運びいたします。

287 入ってもよろしいでしょうか。

288 お食事をお持ちしました。

289 お茶とご飯はこちらにございます。

290 どうぞお召し上がりください。

저녁 식사는 방으로 갖다
드리겠습니다.

チョニョッ　シクサヌン　パンウロ　カッタ
トゥリゲッスムニダ

들어가도 되겠습니까?

トゥロガド　テゲッスムニッカ⤴

식사 가지고 왔습니다.

シクサ　カジゴ　ワッスムニダ

차와 밥은 여기에 있습니다.

チャワ　パブン　ヨギエ　イッスムニダ

맛있게 드십시오.

マシッケ　トゥシプシオ

291
お済みになりましたらお呼びください。

292
テーブルを脇に片付けます。
《布団を敷くために》

293
お布団を敷かせていただきます。

294
お布団を片付けにまいりました。

295
おやすみなさいませ。

다 드시면 말씀해 주십시오.

タ トゥシミョン マルスメ ジュシプシオ

옆으로 옮겨 놓겠습니다.

ヨップロ オムギョ ノッケッスムニダ

잠자리를 준비해 드리겠습니다.

チャムチャリルル チュンビヘ トゥリゲッスムニダ

잠자리를 정리하겠습니다.

チャムチャリルル チョンニハゲッスムニダ

안녕히 주무세요.

アンニョンイ チュムセヨ

296 よくお休みになられましたか。

297 記念にお写真をお撮りしましょうか。

298 最寄り駅までの送迎バスがございます。

299 タクシーをお呼びしますか。

300 迎車料金がかかりますがよろしいですか。

잠자리는 편하셨습니까?

チャムチャリヌン　ピョナショッスムニッカ↗

기념으로 사진 찍어 드릴까요?

キニョムロ　サジン　チゴ　トゥリルッカヨ↗

가까운 역까지 무료 버스를 운행하고
있습니다.

*カッカウン　ニョッカジ　ムリョ　ポスルル　ウネンハゴ
イッスムニダ*

택시 불러 드릴까요?

テクシ　プルロ　トゥリルッカヨ↗

픽업 서비스는 추가 요금이 있는데
괜찮으시겠습니까?

*ピゴッ　ソビスヌン　チュガ　ヨグミ　インヌンデ
ケンチャヌシゲッスムニッカ*↗

301
傘をお貸ししましょうか。

302
お気を付けて行ってらっしゃいませ。

303
部屋番号をお教えください。

304
ドアはオートロックです。

305
ドアはオートロックではございません
のでご注意ください。

우산을 빌려 드릴까요?

ウサヌル　ピルリョ　トゥリルッカヨ↗

조심히 다녀오십시오.

チョシミ　タニョオシプシオ

방 번호를 알려 주십시오.

パン　ボノルル　アルリョ　ジュシプシオ

문은 오토락입니다.

ムヌン　オットラギムニダ

문은 오토락이 아니니까 문단속
잘 하십시오.

ムヌン　オトラギ　アニニッカ　ムンダンソッ
チャ　ラシプシオ

123

306 体を洗ってから湯船に浸かってください。

307 タオルは湯船に入れないようにお願いします。

308 髪が湯に浸からないようにしてください。

309 温度に慣れるため入る前に湯を体にかけます。

310 こちらの時間帯であればご利用いただけます。《貸し切り風呂の利用》

샤워를 하신 후에 탕에 들어가시기
바랍니다.

シャウォルル　ハシンヌエ　タンゲ　トゥロガシギ
パラムニダ

수건을 탕에 넣지 않도록 해 주십시오.

スゴヌル　タンゲ　ノチ　アントロッ　ヘ　ジュシプシオ

머리카락이 물에 잠기지 않도록 해
주십시오.

モリカラギ　ムレ　チャムギジ　アントロッ　ヘ
ジュシプシオ

물 온도에 익숙해지기 위해서 들어가시
기 전에 물을 끼얹어 주십시오.

ムル　オンドエ　イッスケジギ　ウィヘソ　トゥロガシギ
ジョネ　ムルル　キオンジョ　ジュシプシオ

이 시간대라면 이용 가능합니다.

イ　シガンテラミョン　イヨン　カヌンハムニダ

311 当店のご利用は初めてですか。

312 どのコースになさいますか。

313 ご予約はされていますか。

314 本日は予約でいっぱいです。

315 確認事項をチェックして問題がなければ
署名してください。

063

저희 가게는 처음이십니까?

チョイ　カゲヌン　チョウミシムニッカ ↗

어떤 코스로 하시겠습니까?

オットン　コスロ　ハシゲッスムニッカ ↗

예약하셨습니까?

イェヤカショッスムニッカ ↗

오늘은 예약이 다 찼습니다.

オヌルン　イェヤギ　タ　チャッスムニダ

확인 사항을 읽어 보시고 이상이
없으시면 서명해 주시기 바랍니다.

ファギン　サハングル　イルゴ　ボシゴ　イサンギ
オプスシミョン　ソミョンゲ　ジュシギ　パラムニダ

316 こちらにお着替えください。

317 お着替えはお済みでしょうか。

318 本日担当する田中です。

319 体を楽にして力を抜いてください。

320 うつ伏せに寝てください。

여기서 갈아입으십시오.

ヨギソ　カライブシプシオ

다 갈아입으셨습니까?

タ　カライブショッスムニッカ↗

오늘 담당하게 된 다나카입니다.

オヌル　タムダンハゲ　デン　タナカイムニダ

몸의 힘을 빼고 편안히 계십시오.

モメ　ヒムルッ　ペゴ　ピョナニ　ケシプシオ

엎드려 주십시오.

オットゥリョ　ジュシプシオ

321

仰向けに寝てください。

322

体を横に向けてください。

323

痛かったらおっしゃってください。

324

お冷やしいたします。
《レーザーなどで熱した箇所を》

325
温かいタオルです。《差し出して》

065

똑바로 누우십시오.

トッパロ　ヌウシプシオ

옆으로 누우십시오.

ヨップロ　ヌウシプシオ

아프시면 말씀해 주십시오.

アプシミョン　マルスメ　ジュシプシオ

냉찜질 하겠습니다.

ネンチムジル　ハゲッスムニダ

수건이 뜨겁습니다.

スゴニ　トゥゴプスムニダ

326

終わりました。

327

お疲れさまでした。

328

ゆっくりと体を起こしてください。

329

お茶をお持ちします。

330

着替え終わりましたら受付までお越し
ください。

끝나셨습니다.

クンナショッスムニダ

수고하셨습니다.

スゴハショッスムニダ

천천히 일어나시면 됩니다.

チョンチョニ　イロナシミョン　テムニダ

마실 차를 좀 가지고 오겠습니다.

マシル　チャルル　チョム　カジゴ　オゲッスムニダ

다 갈아입으신 후에 카운터로 오십시오.

タ　カライブシン　フエ　カウントロ　オシプシオ

331 上着とお荷物をお預かりします。

332 カットのみでよろしいですか。

333 そちらに掛けてお待ちください。

334 どんなヘアスタイルになさいますか。

335 どれくらいお切りになりますか。

겉옷과 짐을 이쪽으로 주십시오.

コドックァ　チムル　イッチョグロ　チュシプシオ

컷트만 하시겠습니까?

コットゥマン　ハシゲッスムニッカ↗

저기에 앉아서 기다려 주십시오.

チョギエ　アンジャソ　キダリョ　ジュシプシオ

어떤 헤어 스타일로 하시겠습니까?

オットン　ヘオ　スタイルロ　ハシゲッスムニッカ↗

어느 정도 자르시겠습니까?

オヌ　ジョンド　チャルシゲッスムニッカ↗

336 料金は前払いです。

337 料金は後払いです。

338 整理券をお取りください。

339 (IC) カードをタッチしてください。

340 現金 (でのお支払い) ですか。

068

요금은 선불입니다.

ヨグムン　ソンブリムニダ

요금은 후불입니다.

ヨグムン　フブリムニダ

티켓을 뽑으십시오.

ティケス_ル　ポブシプシオ

카드를 대십시오.

カドゥル_ル　テシプシオ

현금이십니까?

ヒョングミシムニッカ⤴

341

両替する場合はここにお札を入れて
ください。

342

両替できるお札は1000円のみです。

343

IC カードをチャージなさいますか。

344

後ろの扉からお降りください。

345

どちらからご乗車されましたか。

잔돈으로 바꾸시려면 여기에 지폐를
넣어 주십시오.

チャンドヌロ　パックシリョミョン　ヨギエ　チペルル
ノオ　ジュシプシオ

잔돈 교환은 천 엔짜리만
가능합니다.

チャンドン　キョワヌン　チョネンチャリマン
カヌンハムニダ

카드 충전하시겠습니까?

カドゥ　チュンジョナシゲッスムニッカ♪

뒷문으로 내리십시오.

ティンムヌロ　ネリシプシオ

어디에서 타셨습니까?

オディエソ　タショッスムニッカ♪

346 切符を拝見します。

347 指定席券はお持ちですか。

348 座席が間違っております。

349 自由席の車両はここではございません。

350 特急券が必要となります。

070

표를 잠깐 보여 주시겠습니까?

ピョルル　チャムッカン　ポヨ　ジュシゲッスムニッカ↗

지정석 티켓을 가지고 계십니까?

チジョンソッ　ティケスル　カジゴ　ゲシムニッカ↗

좌석을 잘못 앉으신 것 같습니다.

チャソグル　チャルモッ　アンジュシン　ゴッ　カッスムニダ

자유석 차량은 여기가 아닙니다.

チャユソク　チャリャンウン　ヨギガ　アニムニダ

특급 열차표가 필요합니다.

トゥックン　ニョルチャッピョガ　ピリョハムニダ

351 こちらの車両は別途代金がかかります。

 352 お支払いいただけない場合は,
車両のご移動をお願いいたします。

 353 お飲み物, お菓子, お弁当はいかがですか。

 354 1番線に乗り換えてください。

355 反対側のホームでお待ちください。

이 차량은 별도의 요금이 듭니다.

イ チャリャンウン ピョルトエ ヨグミ テムニダ

요금을 지불하지 않으실 경우에는
자리를 이동하셔야 합니다.

ヨグムル チブラジ アヌシル キョンウエヌン
チャリルル イドンハショヤ ハムニダ

음료수나 과자, 도시락 있습니다.

ウムニョスナ クァジャ トシラッ イッスムニダ

1호선으로 갈아타십시오.

イロソヌロ カラタシプシオ

반대편 플랫폼에서 기다리십시오.

パンデッピョン プルレッポメソ キダリシプシオ

356

２つ目の駅で下車してください。

357

階段をご利用いただき反対側に渡って
ください。

358

事故で遅延しております。

359

終日運行を見合わせております。

360

精算機で清算してください。

072

두 번째 역에서 내리십시오.

トゥ　ボンチェ　ヨゲソ　ネリシプシオ

계단을 이용해서 반대편으로
건너가십시오.

ケダヌル　イヨンゲソ　パンデッピョヌロ
コンノガシプシオ

사고로 지연되고 있습니다.

サゴロ　チヨンデゴ　イッスムニダ

종일 운행을 중지하고 있습니다.

チョンイル　ウネンウル　チュンジハゴ　イッスムニダ

정산기에서 정산해 주십시오.

チョンサンギエソ　チョンサネ　ジュシプシオ

361 行き先はどちらですか。

362 ご予約のお客様を待っているため
お乗せできません。

363 5人以上は定員オーバーです。

364 2台に分乗してください。

365 お荷物をトランクにお入れしますか。

어디로 모실까요?

オディロ　モシルッカヨ↗

예약 손님을 기다리고 있기 때문에 손님을 태울 수 없습니다.

イェヤッ　ソンニムル　キダリゴ　イッキッ　テムネ
ソンニムル　テウル　ス　オプスムニダ

5명 이상은 정원 초과입니다.

タソンミョン　イサングン　チョンウォン　チョグァイムニダ

2대로 나눠서 타시지요.

トゥデロ　ナヌォソ　タシジヨ

짐을 트렁크에 실을까요?

チムル　トゥロンクエ　シルルッカヨ↗

366 シートベルトをお締めください。

367 ご住所かお電話番号はおわかりですか。

368 距離が遠すぎるため行けません。

369 高速道路を利用すれば早く着きます。

370 高速料金が別途かかりますがよろしいですか。

안전벨트를 매 주십시오.

アンジョンベルトゥルル　メ　ジュシプシオ

주소나 전화번호를 아십니까?

チュソナ　チョナボノルル　アシムニッカ↗

거리가 너무 멀어서 못 갑니다.

コリガ　ノム　モロソ　モッ　カムニダ

시내 고속도로를 이용하면 빠릅니다.

シネ　コソットロルル　イヨンハミョン　パルムニダ

톨비가 추가되는데 괜찮으시겠습니까?

トルビガ　チュガデヌンデ　ケンチャヌシゲッスムニッカ↗

371

深夜割増料金になりますがよろしいですか。

372

ここからだいたい 30 分ほどかかります。

373

観光ですか。

374

どちらから来られましたか。

375

いまは桜が見頃です。

심야할증 요금인데 괜찮으시겠습니까?

シミャハルッチュン　ヨグミンデ
ケンチャヌシゲッスムニッカ🎵

여기에서 대략 30분 정도 걸립니다.

ヨギエソ　テリャッ　サムシップン　チョンド　コルリムニダ

관광 오셨습니까?

クァングァン　オショッスムニッカ🎵

어디에서 오셨습니까?

オディエソ　オショッスムニッカ🎵

지금 벚꽃이 한창입니다.

チグム　ポッコチ　ハンチャンイムニダ

376

目的地に到着いたしました。

377

この辺りでお停めしてよろしいですか。

378

お忘れ物のないようお気を付けください。

379

お客様，お忘れ物です。

380

失礼いたします。

076

목적지에 도착했습니다.

モッチョッチエ　トチャケッスムニダ

여기에서 내려 드리면 될까요?

ヨギエソ　ネリョ　トゥリミョン　テルッカヨ↗

잊으신 물건 없으신지 잘 확인해
보십시오.

イズシン　ムㇽゴン　オㇷ゚スシンジ　チャㇽ　ファギネ
ポシㇷ゚シオ

손님, 잊으신 물건입니다.

ソンニム　イズシン　ムㇽゴニムニダ

실례합니다.

シㇽレハムニダ

381

パンフレットは無料です。

382

ご自由にお持ちください。

383

周辺の地図です。

384

行きたい観光地はありますか。

385

お調べいたします。

팸플릿은 무료입니다.

ペムプルリスン　ムリョイムニダ

자유롭게 가져가십시오.

チャユロッケ　ガジョガシプシオ

주변 지도입니다.

チュビョン　チドイムニダ

가고 싶으신 곳이 있습니까?

カゴ　シプシン　ゴシ　イッスムニッカ⤴

찾아봐 드리겠습니다.

チャジャヴァ　トゥリゲッスムニダ

386
ここからバスに乗ります。

387
最寄り駅は隣の駅です。

388
バスは本数が少ないです。

389
タクシーで行ったほうが早いです。

390
すぐそこです。

078

여기에서 버스를 타십시오.

ヨギエソ　ポスルル　タシプシオ

제일 가까운 역은 다음 역입니다.

チェイル　カッカウン　ニョグン　タウム　ニョギムニダ

버스는 잘 다니지 않습니다.

ポスヌン　チャル　タニジ　アンスムニダ

택시로 가는 게 빠르실 겁니다.

テクシロ　カヌン　ゲ　パルシルッ　コムニダ

바로 저기입니다.

パロ　チョギイムニダ

391 ここからだと少し遠いです。

392 歩くには少し遠いです。

393 観光周遊バスをご利用ください。

394 ４時に閉まってしまいます。

395 本日は休館になります。

여기에서 조금 멉니다.

ヨギエソ　チョグム　モムニダ

걷기에는 조금 멉니다.

コッキエヌン　チョグム　モムニダ

시티투어 버스를 이용하십시오.

シティトゥオ　ポスルル　イヨンハシプシオ

4시에 문을 닫습니다.

ネシエ　ムヌル　タッスムニダ

오늘은 휴관입니다.

オヌルン　ヒュガニムニダ

396 まっすぐ行ってください。

397 角を曲がってください。

398 右に曲がります。

521 ◯ 左に曲がります。

399 歩道橋を渡ります。

400 2つ目の信号を渡ってください。

080

똑바로 가십시오.

トッパロ　カシプシオ

모퉁이를 도십시오.

モットゥンイルル　トシプシオ

왼쪽으로°[오른쪽으로] 가십시오.

ウェンチョグロ°[オルンチョグロ]　カシプシオ

육교를 건너십시오.

ユッキョルル　コンノシプシオ

두 번째 신호등에서 건너십시오.

トゥ　ボンチェ　シノドゥンエソ　コンノシプシオ

401 近くまでご案内します。

402 地図をお描きします。

403 おすすめの観光スポットに丸を付けて
おきます。

404 レンタサイクルがご利用になれます。

405 申込書にご記入願います。

근처까지 안내해 드리겠습니다.

クンチョッカジ　アンネヘ　トゥリゲッスムニダ

약도를 그려 드리겠습니다.

ヤットルル　クリョ　トゥリゲッスムニダ

가 볼만한 곳을 표시해 드리겠습니다.

カ　ボルマナン　ゴスル　ピョシヘ　トゥリゲッスムニダ

자전거 대여가 가능합니다.

チャジョンゴ　テヨガ　カヌンハムニダ

신청서에 기입해 주시기 바랍니다.

シンチョンソエ　キイペ　ジュシギ　パラムニダ

406 学生証のご提示をお願いします。

 407 その時間の上映は満席です。

 408 こちらの席はいかがですか。

 409 こちらの席が見やすいです。

 410 毛布はご入り用ですか。

학생증을 제시해 주십시오.

ハクセンチュングル　チェシヘ　ジュシプシオ

이 시간은 매진되었습니다.

イ　シガヌン　メジンデオッスムニダ

이 자리는 어떠십니까?

イ　ジャリヌン　オットッシムニッカ⤴

이 자리가 보시기 편할 겁니다.

イ　ジャリガ　ポシギ　ピョナルッ　コムニダ

담요는 필요 없으십니까?

タムニョヌン　ピリョ　オプスシムニッカ⤴

411 開演 10 分前になりましたら入場でき
ます。

412 チケットを拝見します。

413 再入場の際はこの半券が必要となります。

414 音声ガイドをご利用になりますか。

415 貸出に別途料金がかかります。

개연 10분 전부터 입장 가능하십니다.

ケヨン　シップン　ジョンブット　イッチャン
カヌンハシムニダ

티켓을 보여 주십시오.

ティッケスル　ポヨ　ジュシプシオ

재입장 하실 때 티켓이 필요합니다.

チェイッチャン　ハシルッ　テ　ティッケシ　ピリョハムニダ

음성 안내를 이용하시겠습니까?

ウムソン　アンネルル　イヨンハシゲッスムニッカ↗

대여는 별도의 요금이 듭니다.

テヨヌン　ピョルトエ　ヨグミ　トゥムニダ

416 この席ですと花道が近いです。

417 桟敷席（さじき）では靴を脱いでください。

418 おすすめの演目はこちらです。

419 昼の部になさいますか，夜の部になさいますか。

420 幕間（休憩時間）にお座席でお食事をとることができます。

이 자리는 '하나미치'가 가깝습니다.

イ ジャリヌン ハナミチガ カッカッスムニダ

'사지키세키'에서는 신발을 벗어
주십시오.

サジキセキエソヌン シンバルル ポソ
ジュシプシオ

추천 공연은 여기 있습니다.

チュッチョン コンギョヌン ヨギ イッスムニダ

낮 공연이십니까? 밤 공연이십니까?

ナッ コンヨニシムニッカ↗ パム コンヨニシムニッカ↗

쉬는 시간에는 자리에서 식사를 하실
수 있습니다.

スィヌン シガネヌン チャリエソ シクサルル ハシルッ
ス イッスムニダ

421 軽食や飲み物はロビーで販売しております。

422 座席表をご覧ください。

423 マス席は4名様用です。

424 タマリ席ではご飲食できません。

425 椅子席はお値段がお手頃です。

간단한 먹을거리와 음료수는 로비에서 판매합니다.

カンダナン　モグ_ルコリワ　ウムニョスヌン　ロビエソ
パンメハムニダ

좌석 배치도를 확인해 주십시오.

チャソ_ク　ペチドル_ル　ファギネ　ジュシ_プシオ

'마스세키'는 4인석입니다.

マスセキヌン　サインソギムニダ

'다마리세키'에서는 음식을 드실 수 없습니다.

タマリセキエソヌン　ウムシグ_ル　トゥシル_ッ　ス
オ_プスムニダ

의자석은 가격이 저렴합니다.

ウィジャソグン　カギョギ　チョリョマムニダ

426
再入場できませんのでご注意ください。

427
写真撮影はご遠慮ください。

428
動画の撮影はご遠慮願います。

429
フラッシュは禁止です。

430
展示品にお手を触れないようお願い
します。

재입장은 불가능하므로 주의하십시오.

チェイッチャングン　プルガヌンハムロ　チュイハシプシオ

사진 촬영은 삼가십시오.

サジン　チャリョングン　サムガシプシオ

동영상 촬영은 삼가십시오.

トンヨンサン　チャリョングン　サムガシプシオ

플래시는 꺼 주십시오.

プルレシヌン　コ　ジュシプシオ

전시 작품을 만지지 마십시오.

チョンシ　チャップムル　マンジジ　マシプシオ

431
館内でのご飲食はご遠慮ください。

432
館内ではお静かに願います。

433
順路はこちらからです。

434
時間になりましたら受付までお越しください。

435
お名前のご記入をお願いします。

관내에서는 음식물 섭취를
삼가 바랍니다.

クァンネエソヌン　ウムシンムル　ソプチュィルル
サムガ　パラムニダ

관내에서는 조용히 해 주시기 바랍니다.

クァンネエソヌン　チョヨンギ　ヘ　ジュシギ　パラムニダ

진행 방향은 여기부터입니다.

チネン　パンニャングン　ヨギブットイムニダ

끝나시면 카운터로 오십시오.

クンナシミョン　カウントロ　オシプシオ

성함을 써 주시기 바랍니다.

ソンハムル　ソ　ジュシギ　パラムニダ

436
チケットはどの種類になさいますか。

437
入園のみのチケットになりますがよろしいですか。

438
乗り物に乗るには別途チケットが必要です。

439
お得なフリーパスがございます。

440
ご乗車の際にフリーパスをご提示ください。

티켓은 어떤 것으로 하시겠습니까?

ティケスン　オットン　ゴスロ　ハシゲッスムニッカ↗

입장만 가능한 티켓인데 괜찮으십니까?

イッチャンマン　カヌンハン　ティケシンデ
ケンチャヌシムニッカ↗

놀이기구를 타실 때에는 추가 요금이
필요합니다.

ノリギグルル　タシルッ　テエヌン　チュガ　ヨグミ
ピリョハムニダ

자유 이용권이 할인이 더 많이 됩니다.

チャユ　イヨンクォニ　ハリニ　ト　マニ　テムニダ

타실 때 자유 이용권을 보여
주시면 됩니다.

タシルッ　テ　チャユ　イヨンクォヌル　ポヨ
ジュシミョン　テムニダ

441

混雑のため入場制限をしております。

442

ただいま 1 時間待ちとなります。

443

こちらのアトラクションは現在調整中です。

444

110 センチ未満のお子様はご乗車
いただけません。

445

保護者同伴であればご乗車いただけます。

손님이 많아서 입장을 제한하고 있습니다.

ソンニミ　マナソ　イッチャングル　チェハナゴ
イッスムニダ

지금부터 1시간 정도는 기다리셔야 합니다.

チグムブット　ハンシガン　チョンドヌン　キダリショヤ
ハムニダ

이 놀이기구는 지금 수리 중입니다.

イ　ノリギグヌン　チグム　スリ　チュンイムニダ

110센티미터 미만의 아동은 타실 수 없습니다.

ペクシプセンティミト　ミマネ　アドンウン　タシルッ
ス　オプスムニダ

보호자와 함께라면 타실 수 있습니다.

ポホジャワ　ハムケラミョン　タシルッ　ス　イッスムニダ

446 荷物はロッカーに預けてください。

447 ３番乗り場でお待ちください。

448 帽子，眼鏡などははずしてください。

449 水がかかる場合がございます。

450 貴重品は足元に置いてください。

짐은 보관함에 맡기고 오십시오.

チムン　ポガナメ　マッキゴ　オシプシオ

3번 게이트에서 기다리십시오.

サムボン　ケイトゥエソ　キダリシプシオ

모자나 안경 등은 벗으시기 바랍니다.

モジャナ　アンギョン　ドゥングン　ポスシギ　パラムニダ

물이 튈지도 모릅니다.

ムリ　トゥィルチド　モルムニダ

귀중품은 발밑에 놓아 주십시오.

クィジュンプムン　パルミテ　ノア　ジュシプシオ

451
シートベルトを締めてお待ちください。

452
シートベルトを確認いたします。

453
安全バーが下がるので手を上げてお待ちください。

454
お降りの際は足元にお気を付けください。

455
お手をどうぞ。

091

안전벨트를 하고 기다려 주십시오.

アンジョンベルトゥルル　ハゴ　キダリョ　ジュシプシオ

안전벨트를 확인하겠습니다.

アンジョンベルトゥルル　ファギナゲッスムニダ

안전바가 내려오니 손을 올리고
기다려 주시기 바랍니다.

アンジョンパガ　ネリョオニ　ソヌル　オルリゴ
キダリョ　ジュシギ　パラムニダ

내리실 때 조심하시기 바랍니다.

ネリシルッ　テ　チョシマシギ　パラムニダ

손을 잡아 드리겠습니다.

ソヌル　チャバ　トゥリゲッスムニダ

456
もしもし。

457
どういったご用件でしょうか。

458
このまま（電話を）切らずにお待ち
ください。

459
お電話代わりました。

460
担当者に代わります。

여보세요.

ヨボセヨ

무슨 일로 전화하셨습니까?

ムスンニルロ　チョナハショッスムニッカ⤴

전화를 끊지 말고 잠깐만
기다려 주시기 바랍니다.

チョナルル　クンチ　マルゴ　チャムッカンマン
キダリョ　ジュシギ　パラムニダ

전화 바꿨습니다.

チョノァ　パッコッスムニダ

담당자를 바꿔 드리겠습니다.

タムダンジャルル　パッコ　トゥリゲッスムニダ

461 お名前をお教えいただけますか。

462 念のためお電話番号をお教えいただけますか。

463 ただいま席を外しております。

464 休みをとっております。

465 本日は帰宅いたしました。

093

성함을 말씀해 주시겠습니까?

ソンハムル　マルスメ　ジュシゲッスムニッカ⤴

혹시 모르니까 전화번호를 말씀해 주시겠습니까?

ホクシ　モルニッカ　チョナボノルル　マルスメ
ジュシゲッスムニッカ⤴

지금 자리에 안 계십니다.

チグム　チャリエ　アン　ゲシムニダ

지금 쉬는 시간입니다.

チグム　スィヌン　シガニムニダ

오늘은 퇴근하셨습니다.

オヌルン　テグナショッスムニダ

466 ただいまほかの電話に出ております。

467 よろしければご伝言を承ります。

468 折り返しお電話差し上げます。

469 間違ってお掛けのようです。

470 お電話ありがとうございました。
《電話を切る》

지금 다른 전화를 받고 있습니다.

チグム　タルン　チョナルル　パッコ　イッスムニダ

괜찮으시면 말씀 전해 드리겠습니다.

ケンチャヌシミョン　マルスム　チョネ　トゥリゲッスムニダ

제가 다시 전화 드리겠습니다.

チェガ　タシ　チョナ　トゥリゲッスムニダ

전화 잘못 거신 것 같습니다.

チョナ　チャルモッ　コシン　ゴッ　カッスムニダ

안녕히 계세요.

アンニョンイ　ゲセヨ

471 お客様にご連絡申し上げます。

 472 お連れ様がお待ちです。

 473 お子様をお預かりしております。

 474 お忘れ物をお預かりしております。

 475 サービスカウンターまでお越しください。

522 ○ インフォメーションセンターまでお越しください。

095

고객 여러분들께 안내 말씀드립니다.

コゲンニョロブンドゥルッケ　アンネ　マルスムドゥリムニダ

일행분이 기다리고 계십니다.

イレンブニ　キダリゴ　ケシムニダ

자녀분이 부모님을 찾고 있습니다.

チャニョブニ　プモニムル　チャッコ　イッスムニダ

가게에 놓고 가신 물건을 찾아가시기
바랍니다.

カゲエ　ノコ　ガシン　ムルゴヌル　チャジャガシギ
パラムニダ

서비스 센터로°[안내 데스크로] 와
주시기 바랍니다.

ソビス　セントロ°[アンネ　デスクロ]　ワ
ジュシギ　パラムニダ

476 大丈夫ですか。

 477 どこが痛いですか。

 478 横になってください。

 479 安静にしてください。

480 救急車を呼びました。

괜찮으십니까?

ケンチャヌシムニッカ⤴

어디가 아프십니까?

オディガ　アプシムニッカ⤴

누워 보십시오.

ヌウォ　ポシプシオ

안정을 취하시기 바랍니다.

アンジョンウル　チュィハシギ　パラムニダ

구급차를 불렀습니다.

クグプチャルル　プルロッスムニダ

481 どうぞお大事になさってください。

482 何を失くされましたか。

483 鞄は何色ですか。

484 お探しのものはこちらですか。

485 こちらには届いておりません。

몸조리 잘 하십시오.

モムジョリ　チャ　ラシプシオ

뭘 잃어버리셨습니까?

ムォル　イロボリショッスムニッカ↗

가방은 무슨 색입니까?

カバンウン　ムスン　セギムニッカ↗

찾으시는 물건이 이거 맞습니까?

チャズシヌン　ムルゴニ　イゴ　マッスムニッカ↗

여기에는 접수된 물건이 없습니다.

ヨギエヌン　チョプスデン　ムルゴニ　オプスムニダ

486 見つけましたらすぐにご連絡します。

487 ご連絡先をお教えください。

488 どうかされましたか。

489 盗まれた物は何ですか。

490 すぐに警察をお呼びします。

찾으면 바로 연락 드리겠습니다.

チャジュミョン　パロ　ヨルラッ　トゥリゲッスムニダ

연락처를 남겨 주십시오.

ヨルラッチョルル　ナムギョ　ジュシプシオ

어디가 안 좋으십니까?

オディガ　アン　ジョウシムニッカ⤴

도난 당한 물건이 무엇입니까?

トナン　タンハン　ムルゴニ　ムオシムニッカ⤴

바로 경찰을 부르겠습니다.

パロ　キョンチャルル　プルゲッスムニダ

491 ここは立入禁止です。

492 危険ですので離れてください。

493 危険ですので登らないでください。

494 ほかのお客様のご迷惑になりますので
ご遠慮ください。

495 自撮り棒はご使用にならないでください。

099

여기는 출입금지입니다.

ヨギヌン　チュリックムジイムニダ

위험하니까 물러서 주시기 바랍니다.

ウィオマニッカ　ムルロソ　チュシギ　パラムニダ

위험하오니 올라가지 마십시오.

ウィオマオニ　オルラガジ　マシプシオ

다른 손님들께 피해가 가니까
삼가십시오.

タルン　ソンニムドゥルッケ　ピヘガ　カニッカ
サムガシプシオ

셀카봉 사용은 삼가시기 바랍니다.

セルカボン　サヨンウン　サムガシギ　パラムニダ

496 お静かに願います。

497 割り込みはしないでください。

498 失礼ですが鞄の中身を拝見します。

499 お会計はお済みですか。

500 商品は会計後にお召し上がりください。

목소리를 좀 낮춰 주십시오.

モクソリルル チョム ナッチョ ジュシプシオ

새치기를 하지 마십시오.

セチギルル ハジ マシプシオ

실례지만 가방 안을 좀 보여
주시겠습니까?

シルレジマン カバン アヌル チョム ポヨ
ジュシゲッスムニッカ ⤴

계산하셨습니까?

ケサナショッスムニッカ ⤴

상품은 계산 후에 드시기 바랍니다.

サンプムン ケサン ヌエ トゥシギ パラムニダ

食べ物

日本語	韓国語		日本語	韓国語
			牛肉	소고기 ソゴギ
ご飯	밥 パッ		豚肉	돼지고기 トゥェジゴギ
パン	빵 ッパン		鶏肉	닭고기 タッコギ
麺	면 ミョン		ステーキ	스테이크 ステイク
トマト	토마토 トマト		**502 飲み物**	
レタス	상추 サンチュ		お酒	술 スル
ハム	햄 ヘム		ビール	맥주 メッチュ
卵	달걀/계란 タルギャル/ケラン		ワイン	와인 ワイン
魚	생선 センソン		日本酒	일본술 イルボンスル
マグロ	참치 チャムチ		ウイスキー	위스키 ウィスキ
サーモン	연어 ヨノ		コーラ	콜라 コルラ
イクラ	연어알 ヨノアル		オレンジ ジュース	오렌지 주스 オレンジ ジュス
ウニ	성게알 ソンゲアル		炭酸水	탄산수 タンサンス
エビ	새우 セウ		水	물 ムル
カニ	게 ケ		牛乳	우유 ウユ
肉	고기 コギ		日本茶	일본 차 イルボン チャ

202

紅茶	홍차 ホンチャ	茶色	갈색 カルセッ
503 **味**		ピンク	분홍색/핑크 プノンセッ/ピンク
甘い	달다 タルダ	ベージュ	베이지 ペイジ
苦い	쓰다 ッスダ	ゴールド	금색 クムセッ
辛い	맵다 メッタ	シルバー	은색 ウンセッ
しょっぱい	짜다 ッチャダ	505 **模様**	
すっぱい	시다 シダ	ストライプ	스트라이프/줄무늬 ストゥライプ/チュルムニ
504 **色**		水玉	물방울 무늬 ムルパンウル ムニ
黒	검은색/까만색 コムンセッ/カマンセッ	チェック	체크 무늬 チェク ムニ
白	흰색/하얀색 ヒンセッ/ハヤンセッ	アニマル柄	동물 무늬 トンムル ムニ
赤	빨간색 ッパルガンセッ	506 **コスメ**	
青	파란색 パランセッ	マスカラ	마스카라 マスカラ
水色	하늘색 ハヌルセッ	口紅	립스틱 リプスティッ
黄色	노란색 ノランセッ	ファンデーション	파운데이션 パウンデイション
緑	녹색/초록색 ノクセッ/チョロクセッ	チーク	볼터치/치크 ポルトチ/チク
紫	보라색 ポラセッ	アイシャドウ	아이섀도 アイシェド

日本語	韓国語	日本語	韓国語
アイブロウ ペンシル	아이브로 펜슬 アイブロ ペンスル	エレベーター	엘리베이터 エルリベイト
アイライナー	아이라이너 アイライノ	トイレ	화장실 ファジャンシル
ビューラー	뷰러 ビュロ	喫煙コーナー	흡연 구역/흡연실 フビョン クヨッ/フビョンシル
金庫	금고 クムゴ

アクセサリー

ピアス	피어스 ピオス	売店	매점 メジョム
イヤリング	귀거리 クィゴリ	温泉	온천 オンチョン
ネックレス	목걸이 モッコリ	大浴場	목욕탕 モギョッタン
指輪	반지 パンジ	露天風呂	노천 온천 ノチョン オンチョン
ブローチ	브로치 ブロチ	カラオケルーム	노래방 룸 ノレバン ルム
ブレスレット	팔찌 パルチ	宴会場	연회장 ヨネジャン
ベルト	벨트/허리띠 ベルトゥ/ホリティ		
ヘアアクセサリー	헤어 액세서리 ヘオ エクセソリ	シャンプー	샴푸 シャムプ

館内施設

生活用品

フロント	프런트 プロントゥ	ボディーソープ	바디 클렌저 パディ クルレンジョ
非常口	비상구 ピサング	トイレットペーパー	화장지/휴지 ファジャンジ/ヒュジ
非常階段	비상계단 ピサンゲダン	ティッシュペーパー	티슈 ティシュ

204

| カミソリ | 면도기 ミョンドギ |
| 生理用品 | 생리대/여성용품 センニデ/ヨソンニョンプム |

薬 510

風邪薬	감기약 カムギヤッ
頭痛薬	두통약 トゥトンニャッ
胃腸薬	위장약 ウィジャンニャッ
整腸剤	정장제 チョンジャンジェ
下痢止め	설사약/지사제 ソルサヤッ/チサジェ
酔い止め	멀미약 モルミヤッ
痛み止め	진통제 チントンジェ
湿布	파스 パス
絆創膏	반창고/밴드 パンチャンゴ/ペンドゥ
日焼け止め	자외선 차단제 チャウェソン チャダンジェ
虫除けスプレー	벌레 퇴치 스프레이 ポルレ テチ スプレイ
マスク	마스크 マスク
手指消毒剤	손 소독제 ソン ソドッチェ

季節と行事 511

春	봄 ポム
夏	여름 ヨルム
秋	가을 カウル
冬	겨울 キョウル
お花見	꽃놀이/꽃구경 ッコンノリ/ッコックギョン
花火	불꽃놀이 プルコンノリ
ハロウィン	핼로윈 ヘルロウィン
クリスマス	크리스마스 クリスマス

単位 512

グラム	그램 クレム
キログラム	킬로그램 キルログレム
センチメートル	센티미터 センティミト
メートル	미터 ミト
キロメートル	킬로미터 キルロミト
リットル	리터 リト

205

数字の言い方

漢数詞		
1	일	イル
2	이	イ
3	삼	サム
4	사	サ
5	오	オ
6	육	ユッ
7	칠	チル
8	팔	パル
9	구	ク
10	십	シッ

固有数詞		
1	하나/한	ハナ/ハン
2	둘/두	トゥル/トゥ
3	셋/세	セッ/セ
4	넷/네	ネッ/ネ
5	다섯	タソッ
6	여섯	ヨソッ
7	일곱	イルゴッ
8	여덟	ヨドル
9	아홉	アホッ
10	열	ヨル

11	십일	シビル	30	삼십	サムシッ
12	십이	シビ	40	사십	サシッ
13	십삼	シプサム	50	오십	オシッ
14	십사	シプサ	60	육십	ユクシッ
15	십오	シボ	70	칠십	チルシッ
16	십육	シムニュッ	80	팔십	パルシッ
17	십칠	シプチル	90	구십	クシッ
18	십팔	シッパル	100	백	ペッ
19	십구	シック	1,000	천	チョン
20	이십	イシッ	10,000	만	マン

電話番号の言い方　▶7890-65-1234 と言いたい場合

7	8	9	0	-	6	5	-	1	2	3	4
천	팔	구	공	에	육	오	에	하나	둘	삼	사
チョン	パル	グ	ゴン	ゲ *	ユ	ゴ **	エ	ハナ ***	トゥル ***	サム	サ

* 日本語で電話番号をいうとき，区切りに「〜の」というように，韓国語では「〜에（〜エ）」を入れる。
** 本来，5 は「オ」だが，前の 6「ユク」と連音化し，6・5「ユ・ゴ」となっている。
*** 「1」と「2」は読みが似ているため，固有数詞を用いる。

514 　時間の言い方

1 時	한 시 ハンシ	8 時	여덟 시 ヨドルシ
2 時	두 시 トゥシ	9 時	아홉 시 アホプシ
3 時	세 시 セシ	10 時	열 시 ヨルシ
4 時	네 시 ネシ	11 時	열한 시 ヨランシ
5 時	다섯 시 タソッシ	12 時	열두 시 ヨルトゥシ
6 時	여섯 시 ヨソッシ	午前	오전 オジョン
7 時	일곱 시 イルゴプシ	午後	오후 オフ

▶2 時 5 分と言いたい場合

2	時	5	分
두 トゥ	시 シ	오* オ*	분 ブン

* 韓国語は，〜時という場合には固有数詞，〜分という場合には漢数詞を用いる。
（数詞は 206 ページを参照のこと）

515 月日の言い方

1月	일월 イロォル	7月	칠월 チルォル
2月	이월 イウォル	8月	팔월 パルォル
3月	삼월 サモル	9月	구월 クウォル
4月	사월 サウォル	10月	시월 シウォル
5月	오월 オウォル	11月	십일월 シビルォル
6月	유월 ユウォル	12月	십이월 シビウォル
～日	(数字+)일 イル		

▶2021年1月1日と言いたい場合

2021	年	1月	1日
이천이십일 イチョンイシビル	년 ニョン	일월 イロォル	일일 イリル

516 曜日の言い方

月	월요일 ウォリョイル	金	금요일 クミョイル
火	화요일 ファヨイル	土	토요일 トヨイル
水	수요일 スヨイル	日	일요일 イリョイル
木	목요일 モギョイル		

索 引

209

215

執筆協力

河仁南（ハ・インナム）

韓国生まれ。韓国外国語大学校日本語学科卒業。お茶の水女子大学大学院史学科卒業。1987 年晶文社にて韓国の漫画『弓』（李賢世作）を翻訳出版。つくば市役所の「外国人のための生活相談員」として勤務。つくば国際アカデミーの講師として勤務。中国語検定 2 級取得。

《主要著書》

『韓国語能力試験 TOPIK1・2 級 初級単語 800』『韓国語能力試験 TOPIK3・4 級 中級単語 1800』『韓国語能力試験 TOPIK5・6 級 高級単語 800』『使ってみよう！韓国語の慣用句・ことわざ・四字熟語』（以上，語研）

南嘉英（ナム・カヨン）

韓国生まれ。崇實大学校工科学部電気工学科卒業。韓国放送通信大学校人文学部日本学科卒業。延世大学校韓国語教師研修所第 38 期修了。

《主要著書》

『韓国語能力試験 TOPIK1・2 級 初級単語 800』『韓国語能力試験 TOPIK 3・4 級 中級単語 1800』『韓国語能力試験 TOPIK 5・6 級 高級単語 800』『使ってみよう！韓国語の慣用句・ことわざ・四字熟語』『韓国語能力試験 TOPIK 1・2 級 初級読解対策』（以上，語研）『韓国語フレーズブック』（新星出版社）

© Goken Co.,Ltd., 2021, Printed in Japan

カタカナで読める！ 接客韓国語

2021 年 6 月 30 日　初版第 1 刷発行

編　者　語研編集部
制　作　ツディブックス株式会社
発行者　田中　稔
発行所　株式会社 語研
　　　　〒 101-0064
　　　　東京都千代田区神田猿楽町 2-7-17
　　　　電　話 03-3291-3986
　　　　ファクス 03-3291-6749
組　版　ツディブックス株式会社
印刷・製本　シナノ書籍印刷株式会社

ISBN978-4-87615-369-5 C0087

書名　カタカナデヨメル　セッキャクカンコクゴ
編者　ゴケンヘンシュウブ
著作者および発行者の許可なく転載・複製することを禁じます。

定価はカバーに表示してあります。
乱丁本，落丁本はお取り替えいたします。

株式会社 語研

語研ホームページ https://www.goken-net.co.jp/

本書の感想は
スマホから↓